小公主成长宝典 ⑦

善良自信放光芒

海豚传媒/编

长江出版传媒 | 长江少年儿童出版社

CONTENTS
目录

7
珍珠公主

27
女孩的剑客梦

49
小小花仙子

71
钻石城堡的守护者

露米娜和斯库拉姨妈一起生活在珊瑚岩洞里。一天,姨妈收到一封来自皇宫的舞会请柬。露米娜兴奋极了,她多么想和姨妈一起去参加舞会呀!可是,姨妈却再三叮嘱露米娜要留在家里。

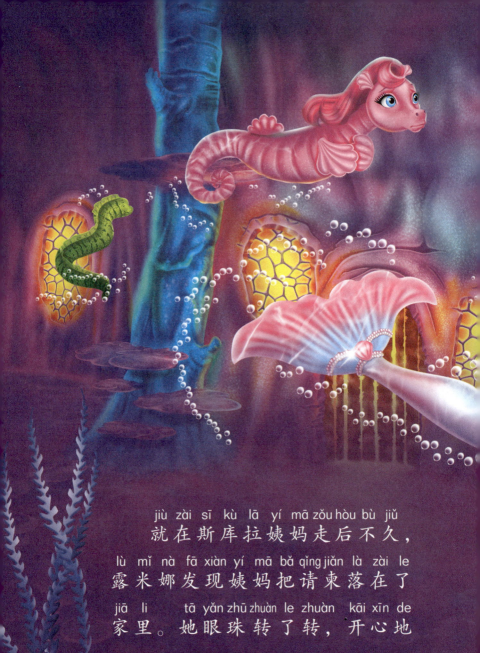

就在斯库拉姨妈走后不久,露米娜发现姨妈把请柬落在了家里。她眼珠转了转,开心地

对小马可儿说:"我们去给姨妈送请柬吧!"于是,露米娜背上小包,和可儿一起兴冲冲地出发了。

露米娜和可儿来到皇宫所在的都城,却没有找到姨妈。她在一家美发店找了一份工作,很快,她就成为了一名受欢迎的发型师。露米娜总是能用珍珠魔法和漂亮的装饰为顾客打造精致的发型。

由于客人们非常喜欢露米娜设计的新发型,这家美发店的名声越来越大,就连皇宫里的摄政王卡利戈和他的儿子也来这儿做发型。摄政王对自己的新发型非常满意,他下令送给每位发型师一张皇宫舞会的请柬。

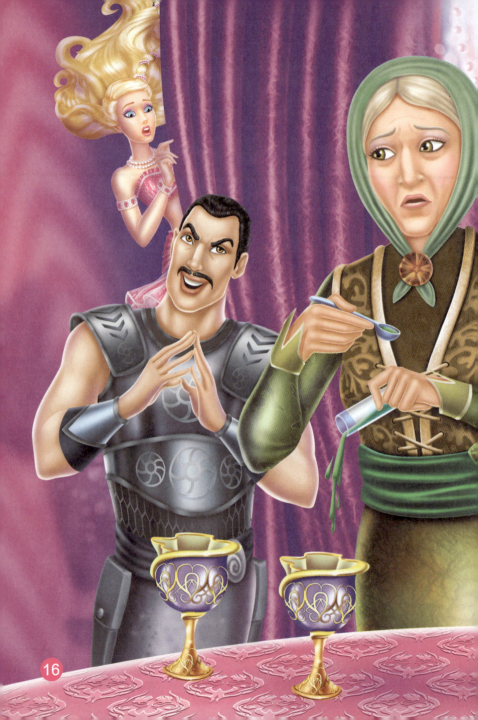

舞会当晚,露米娜和朋友们盛装打扮,来到了富丽堂皇的宫殿。她激动不已,四处参观。突然,在帷幕后的一个阴暗角落,她发现斯库拉姨妈竟然和摄政王在一起,摄政王逼迫姨妈往国王的酒里下毒!

露米娜又惊讶又疑惑,她悄悄地跟着斯库拉姨妈。她看到姨妈将酒杯送到国王跟前,迟疑地献上了毒酒。国王刚把酒杯举到嘴边,露米娜就冲了出去,大声叫道:"不能喝,酒里有毒!"

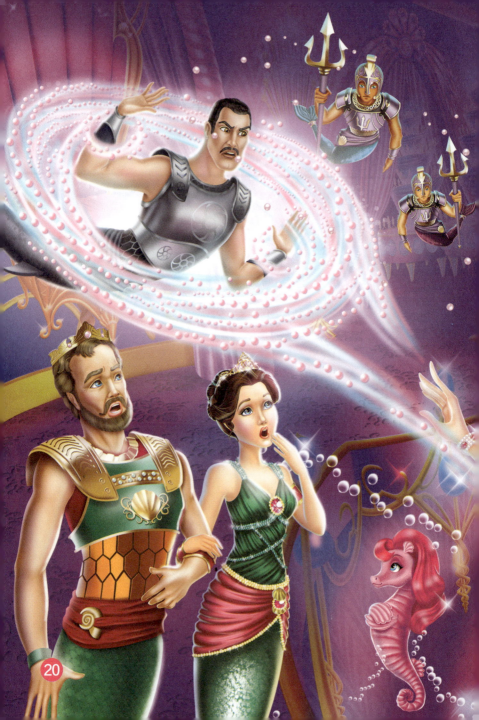

摄政王气急败坏,他预谋毒死国王,让自己的儿子继承王位。眼看计划落空,他拿起武器冲向国王。露米娜用尽全力,汇聚大厅里所有的珍珠。珍珠迸发出惊人的力量,飞向卡利戈,把他围了起来。

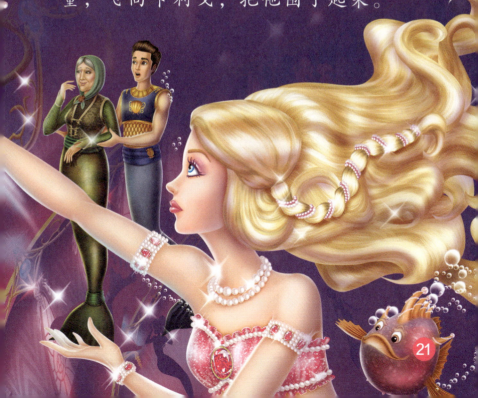

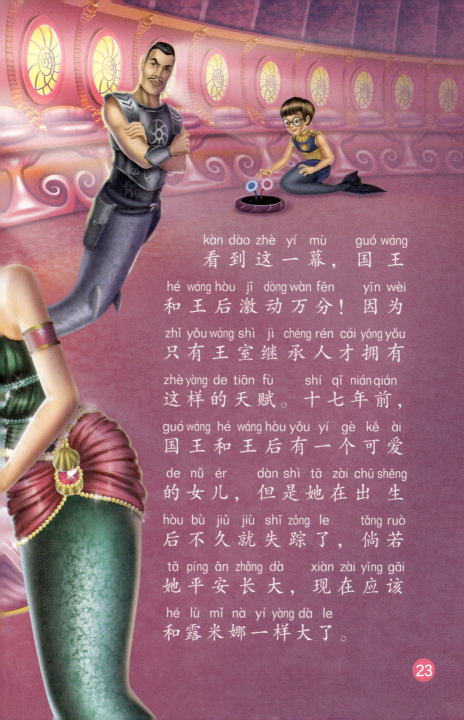

看到这一幕,国王和王后激动万分!因为只有王室继承人才拥有这样的天赋。十七年前,国王和王后有一个可爱的女儿,但是她在出生后不久就失踪了,倘若她平安长大,现在应该和露米娜一样大了。

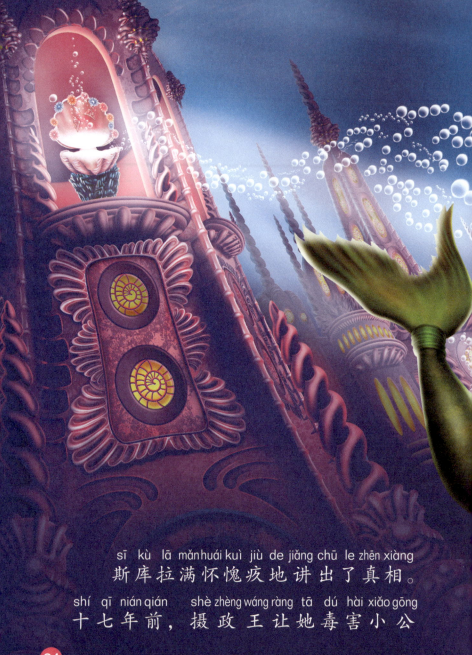

斯库拉满怀愧疚地讲出了真相。
十七年前,摄政王让她毒害小公

主，但斯库拉不忍心。为了保护小公主，斯库拉将她带离皇宫，隐居在偏远的地方，并将她抚养长大。露米娜就是小公主！

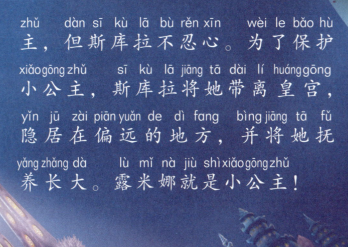

露米娜和自己的家人团聚了,这真是一个天大的好消息。欢乐的人鱼载歌载舞,美丽的珍珠璀璨夺目,大家都在庆祝他们迎来了真正的公主。

女孩的剑客梦

在一个小村庄里,住着一位美丽的女孩——歌琳,她心中一直有一个梦想——成为一名女剑客。为此,她天天都在家里练习击剑。歌琳十八岁的时候来到了巴黎,她想在那里好好学习击剑,成为像她爸爸一样的剑客。

她找到了爸爸的朋友——卓费先生,他是王室的剑客队长。"女孩子不适合成为剑客!"卓费

先生拒绝了歌琳想向他学习击剑的请求。但歌琳并没有因此改变成为剑客的梦想。

歌琳进入皇宫后成为了一名女仆，她还认识了薇薇卡、爱蕾娜

和云妮,她们都是皇宫的女仆。第二天,女孩们正在打扫皇宫大厅,路易王子和摄政王菲力走了进来。

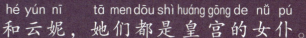

这时，皇宫大厅的吊灯突然坠落下来，眼看就要砸到路易王子。四个女孩飞快地冲了过去，推开王子。王子摔倒了，但幸好没有被吊灯砸中，只是擦伤了胳膊。

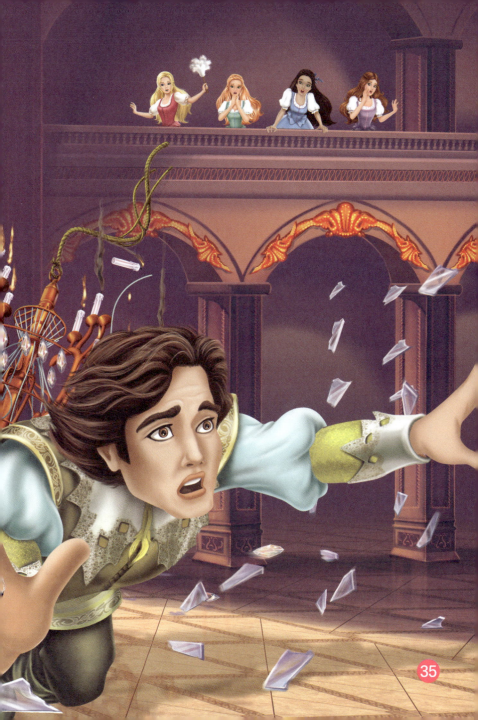

四个女孩身手敏捷地用抹布、刷子、拖把当工具挡开四处飞溅的吊灯碎片。危机解除后,王子真

诚地向女孩们道谢。而四个女孩也互相知道了各自的秘密。原来,她们拥有一个共同的剑客梦想。

这时,一直站在一旁观察的驼背老仆人凯伦走过来说:"跟我来。"

女孩们来到一间摆放着很多武器的地

下室。凯伦突然挺直了背,说:"我可以教你们剑术。"原来,凯伦曾经是一位优秀的剑客。

在凯伦的指导下,女孩们的剑术日益精进,她们离剑客的梦想又近了一步。一天,凯伦对女孩们

说:"之前吊灯坠落事件并不是意外,而是有人想要谋害王子。三天后皇宫将要举办化装舞会,刺客很有可能会趁乱行动。"

四个女孩伪装成宾客的模样进入了舞会大厅。舞会上热闹非凡,却暗藏危机。女孩们警惕地观察着每一位宾客,悄悄握紧藏在礼服下的武器,随时准备出击。

皇宫外绚烂的烟花炸开,舞会进入了高潮。就在这时,几名宾客突然抽出佩剑,向王子刺去。女孩们迅速跑过去,敏捷地挡住刺客的利剑,劈、刺、缠,她们各自使出绝活,将刺客一一制服。

就在女孩们与刺客缠斗时,摄政王菲力正悄悄带王子撤离大厅。歌琳发现了异常,立刻跟了过去。在皇宫大厅外,菲力正要用剑刺向王子,歌琳猛地跃起,跳到王子面前,替他挡住了刺来的剑。

原来,摄政王菲力就是幕后主使。菲力的阴谋彻底暴露,他也被歌琳打败了。在不久之后的加冕典礼上,王子宣布四个女孩正式加入王室剑客卫队!女孩们终于实现了当剑客的梦想!

在离城市不远的田野上有一个美丽的小花国,那里生活着一群比拇指还要小的花仙子,五颜六

色的花朵就是她们的小房子。这天，花仙子心宝莲娜正和朋友们在花丛中玩耍，远处突然传来轰隆隆的响声。

心宝莲娜从花朵里探出头来张望,发现几辆挖掘机正朝这边开过来。它们张开铲斗,像怪兽的大嘴巴一样,想要破坏小花国。原来,这是一支施工队,他们的老板要在这片田野上建工厂。

花仙子们又担心又害怕。勇敢的心宝莲娜说:"你们想办法拖延施工队,我去找他们的老板。"花仙子们立刻施展花草魔法,用长长的藤蔓困住挖掘机,让它们不能继续行动。

心宝莲娜独自飞到老板的家里,正好遇见一个小女孩。小女孩叫作麦姬娜,她是老板的女儿。麦姬娜看见小小的花仙子,惊讶地瞪大了

双眼。心宝莲娜急忙向麦姬娜说明了来意。

麦姬娜不想让这么可爱的花仙子失去家园,她决定帮心宝莲娜劝说爸爸妈妈。心宝莲娜感激极了,

她用花草魔法编出一个精致的树叶手提包,送给了麦姬娜。麦姬娜惊喜地说:"你真厉害!谢谢你!"

麦姬娜找到爸爸妈妈,她的爸爸妈妈正一边忙着给工人们打电话,一边做

晚餐。他们根本听不进麦姬娜的话。麦姬娜垂头丧气地回到了自己的房间。

这时，麦姬娜看到心宝莲娜送给她的手提包，脑子里突然有了一个主意。她让心宝莲娜用魔法变出

许多漂亮的花花草草,自己则用这些花草将家里的阳台布置成了美丽的花园,然后把爸爸妈妈请了过来。

麦姬娜的爸爸妈妈看到阳台上的美景,惊讶地问:"这是怎么回事?"麦姬娜叫来心宝莲娜,说:

"这是花仙子变出来的,她叫心宝莲娜。你们要建工厂的田野是花仙子的家,我们不要破坏它,好吗?"

爸爸妈妈听着麦姬娜的请求,又看了看美丽的花园,终于决定放弃建工厂。可是工人们的电话打不

通,路上又遇上了堵车。麦姬娜骑上自行车,带着花仙子朝小花国飞奔而去。

在小花国,挖掘机已经挣脱了藤蔓,正渐渐逼近花丛,躲在花丛里的小花仙子们害怕得直发抖。

"停!"麦姬娜终于赶到,她冲到花丛前面,阻止挖掘机继续前进。

她向工人们说明了情况,工人们终于开着车离开了。

小花国的危机终于解除了,美丽的花朵里孕育出了更多花仙子宝宝,小花国变得更加生机勃勃。麦姬娜一家将小花国建成了自然保护区,以后再也没有人来破坏花仙子的家啦!

钻石城堡的守护者

在森林中一座简陋的小棚屋里,住着两个美丽的女孩——丽安娜和爱丽莎。她们两个是很要好的朋友,而且都喜欢唱歌。这天,一位老婆婆送给她们一面古镜。她们一边干活,一边唱歌,突然,一段动听的歌声加入了她们的合唱。

原来,一个女孩藏在古镜中。

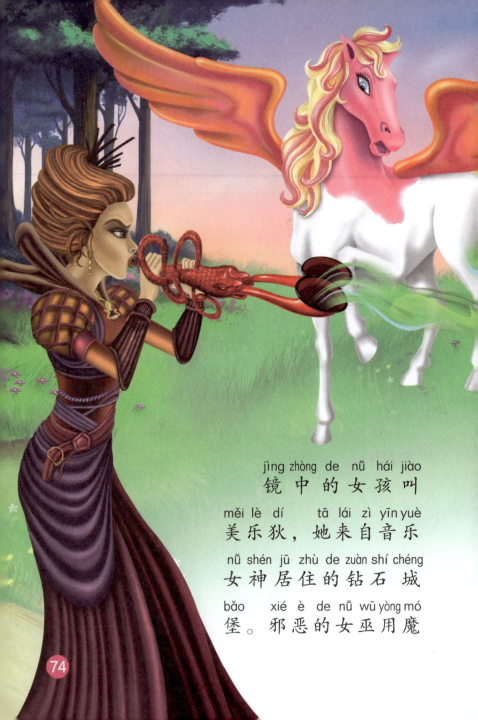

镜中的女孩叫美乐狄,她来自音乐女神居住的钻石城堡。邪恶的女巫用魔

笛将女神变成了石像,只有回到钻石城堡,奏响女神的乐器,才能破除魔法救出美乐狄。

两个女孩决定送美乐狄回钻石城堡。她们根据美乐狄的提示,来到了一条河边。河边有一个小怪物,手里还抓着两只小狗,他傲慢地说:"只有答出我的问题,我才能让你们过河。"

"你尽管问吧,如果我们答出来了,你不仅要放我们过河,还得放了这两只狗狗。"丽安娜自信地说。小怪物哼了一声,继续说:"请你们听清楚问题,什么东西,你能听到却看不到也摸不着?"

两个女孩认真地思考,爱丽莎很快就想到了,她大声说:"是歌声!"她的话音刚落,河面上就出现了一座美丽的彩虹桥。两只狗狗从小怪物手里挣脱出来,它们和两个女孩一起过了河。

没有想到的是,女巫竟然在河对岸等着她们。她命令手下——绿巨龙抢走了古镜,又吹响魔笛,制造出一个黑暗漩涡。丽安娜和爱

丽莎渐渐失去了理智,她们在魔笛的操控下,一步步走向漩涡……

美乐狄焦急万分,情急之下,她唱起了她们初次见面时合唱的歌谣。两个女孩被歌声唤醒,勇敢的丽安娜一把抢走女巫的魔笛,扔进漩涡,女巫扑了过去,却和古镜一起陷入了漩涡当中。

就在这时,两只小狗也跳进了漩涡,它们用尽力气,终于把镜子带上了岸。三个女孩开心地唱起了

歌,在美妙的歌声中,一座闪亮的城堡从河面升了起来——这就是钻石城堡!

丽安娜和爱丽莎带着古镜走进城堡,城堡里处处回荡着动听的音乐,每当有音乐响起来,城堡内就会多一颗钻石,丽安娜和爱丽莎都惊叹不已。突然,古镜发出一阵炫目的光芒,美乐狄终于从镜子中逃了出来。

音乐女神的乐器放在城堡大厅中央,三个女孩正要拿乐器时,女巫乘坐绿巨龙冲了进来。女孩们

抢先走向了乐器,一起演奏起来。
音乐女神的乐器发出神秘的光芒,
女巫和绿巨龙逐渐变成了石像。

女巫的魔咒解除了,音乐女神得救了。音乐女神封丽安娜和爱丽莎为音乐公主,以此来感谢她们的勇敢和善良。